Georg Heinrich Bonne

Vorschläge
zur
Vereinfachung und zum Ausbau
unserer heutigen
Arbeiterversicherungen

Elibron Classics
www.elibron.com

Elibron Classics series.

ISBN 0-543-73089-1 (paperback)
ISBN 0-543-73088-3 (hardcover)

This Elibron Classics Replica Edition is an unabridged facsimile of the edition published in 1896 by Georg Hertz, Dresden.

Vorschläge

zur

Vereinfachung und zum Ausbau

unserer heutigen

Arbeiterversicherungen

von

Dr. med. Georg Bonne.

Dresden.
Verlag von Georg Hertz.
1896.

Inhaltsverzeichnis.

I. Kapitel.

Schwierigkeiten und Aenderungen in der Beitragserhebung.

Bei dem lebhaften Interesse für die schon oft erörterte Frage von der Vereinfachung der Arbeiterversicherungsgesetze, welches durch die jüngst einberufene Conferenz im Reichsamt des Innern über Revision der genannten Gesetze und im Hinblick auf die zu erwartenden Verhandlungen im Reichstage neu entfacht ist, sei es auch dem praktischen Arzte gestattet, sein Scherflein zur Förderung dieser für unser heutiges Volksleben so wichtigen Frage beizutragen.

Ich möchte zunächst auf Grund meiner Beobachtungen in 10jähriger ärztlicher Praxis, in welcher ich mit zahlreichen Krankenkassen, Berufsgenossenschaften und Versicherungsgesellschaften zu thun gehabt habe und noch habe, an ein paar Punkte anknüpfen, die auf der Conferenz besonders eingehend zur Sprache gekommen sind.

Da sind zunächst die Einwände oder vielmehr die Vorwürfe gegen das „Klebegesetz". Von wem sind diese denn ursprünglich erhoben? Von den Arbeitern? Keineswegs! Dieselben sind schon seit Jahrzehnten durch das Einkleben ihrer Beitragsmarken in die Sammelbücher ihrer alten freien Hülfskassen, von denen einige bis in das vorige Jahrhundert hineinreichen, sowie ihrer socialistischen und nichtsocialistischen Vereine an's Kleben genugsam gewöhnt und kleben heute noch in eine große Anzahl von Heften ihre Beitragsmarken ein. Wenn ich mich recht erinnere, stand das Wort „Klebegesetz" zuerst in gewissen Zeitungen agrarischer oder sogenannter conservativer Richtung, von denen eine Reihe nach dem Abgange des Fürsten Bismarck getreulich das Fußtreten nach dem gestürzten Riesen mitmachte. War er es doch gewesen, der ihnen auch das verhaßte „Klebegesetz“ gebracht hatte, das ihnen so manchen Groschen aus der Tasche holte, der wesentlich genußreicher hätte angelegt werden können. Denn an das „Kleben“ als solches ist unser gesammtes Volk doch durch unsere Freimarken bereits genugsam gewöhnt. Ich möchte hier wohl einschalten, daß ich kaum je von wirklichen Bauern in meiner Gegend Klagen über den Druck der Lasten, welche sie zu Gunsten ihrer Knechte und Arbeiter zu leisten haben, äußern hörte, und geschieht es hin und wieder, so merkt man sehr bald an den wiederkehrenden Redensarten, daß die Klagen gewissen Zeitungen oder Vorträgen ihre Entstehung verdanken dürften. Andrerseits kenne ich manche, nicht einmal besonders reiche Bauern, die es unter ihrer Würde halten, mit ihrem Knecht um die wenigen Mark zu rechnen, sondern einfach die vollen Beiträge aus eigener Tasche bezahlen. Mit wahrer Wollust wurde das Wort vom „Klebegesetz“ solange im Chor von sogenannten liberalen Zeitungen wiederholt, bis es beinahe den Anschein erweckte, als ob das ganze Klebegesetz thatsächlich etwas höchst unvolksthümliches wäre. Wenn aber in der arbeitenden Bevölkerung selbst sich wirklich eine Mißstimmung gegen das neue Gesetz zu entwickeln drohte und zum Theil auch thatsächlich entwickelt hat, so waren weder die Unbequemlichkeiten des Klebens daran schuld, denn das wird ja meistens vom Arbeitgeber besorgt, auch nicht die vom Lohne zur Versicherung gesetzmäßig abgezogenen Pfennige und Groschen, sondern vielmehr von socialistischen Agitatoren und Rädelsführern in Wort und Schrift systematisch ausgestreute Verläumdungen und Verdächtigungen: „das neue Klebegesetz sei nur eine Falle, um die Groschen des arbeitenden Volkes zu sammeln und dieselben bei irgend einer passenden Gelegenheit für bureaukratische oder gar Militärzwecke zu verwenden“, oder, „wie viele denn wohl 70 Jahre alt würden“, wobei durch geflissentliches Todschweigen der Invaliditätsversicherung auf Kosten des ganzen Gesetzes die Altersversicherung mißcreditirt wurde. Derartige Reden, die jedem wohl zur Genüge bekannt geworden sind, habe ich von meinen Patienten aus der arbeitenden Klasse sehr oft hören müssen. Anfangs fruchteten die besten und eingehendsten Belehrungen kaum etwas, um das Mißtrauen zu bekämpfen, seitdem ich aber solche Heißsporne oder Kleingläubige auf die sich immer mehr vergrößernde Zahl von Rentenempfängern beider Arten (der Altersrente sowohl, wie der Invaliditätsrente) aus dem Bezirke meiner ärztlichen Thätigkeit hinweisen kann, neuerdings sogar auf einige Kranke, die auf Kosten der Versicherungsanstalt wegen Lungenschwindsucht nach Kurorten geschickt und von dort wesentlich gebessert und voll Lobes über diese neueste Errungenschaft unserer Zeit zurückkehrten, seitdem erfreut sich das „Klebegesetz" im Kreise meiner Wirksamkeit einer merklich wachsenden Beliebtheit. Hätte die Regierung sich von Anfang an nicht darauf beschränkt, nur durch geeignete gedruckte Belehrungen, sondern vielmehr durch das lebendige Wort, durch regelmäßig wiederholte Vorträge in den Gemeinden — wenn angängig gerade in den von Arbeitern, selbst von Socialdemokraten bevorzugten Localen — gehalten von amtlich angestellten Wanderlehrern, Schullehrern, Geistlichen, Aerzten oder sonstigen geeigneten Persönlichkeiten, vielleicht vom Herrn Amtsvorsteher oder gar vom Herrn Landrath selbst, aufklärend auf das arbeitende Volk in Betreff der neuen Versicherungsgesetze zu wirken, wir wären heute schon ein ganzes Stück weiter, als wir sind, im Arbeiterversicherungswesen sowohl, wie im socialen Frieden. Derartige Aufklärungen sind aber noch heute von Nöthen und würden noch heute von bester Wirkung sein. Es ist unglaublich, welche Unkenntniß der Arzt jetzt noch tagtäglich bei den Leuten in Betreff der Alters- und Invalidenversicherung antrifft, und wie verhältnißmäßig selten in Folge dieser Unkenntniß noch von dem Rechte der Selbstversicherung Gebrauch gemacht wird. Es ist einer der häßlichsten und hinterlistigsten Züge der socialistischen Hetzarbeit, unsere arbeitenden Massen über den Werth und die Tragweite der Arbeiterschutzgesetzgebung nicht nur im dunkeln zu lassen, sondern dieselbe systematisch herabzusetzen und zu verunglimpfen Umgekehrt erscheint es mir unverständlich, warum die regierenden Kreise diese durchaus berechtigte und wirksame Waffe, sicherlich wirksamer als jedes Umsturzgesetz und staatsanwaltschaftliche Thätigkeit, gegen eine blindverhetzende und nur Unzufriedenheit säen wollende Agitation stumpf werden lassen und nicht gebrauchen wollen: die der andauernden systematischen Unterweisung der Massen über die Nutzbarmachung und die Wirksamkeit der Arbeiterschutzgesetzgebung für das arbeitende Volk.

Unter den Unternehmern aber schreien nicht selten gerade diejenigen am lautesten über den unerhörten Druck, den die Arbeiterschutzgesetzgebung auf die „Industrie" oder die „Landwirthschaft" ausübe, die in geradezu raffinirter Weise es herausgeklügelt haben, dem Gesetz über die Arbeiterkrankenversicherung ein Schnippchen zu schlagen und auch das letzte Drittel zu den Krankenkassenbeiträgen, welches alle Arbeitsgeber nach dem Gesetz aus eigener Tasche zahlen müßten, in höchst einfacher Weise auf die Schultern der Arbeiter abzuwälzen. Nach den Statuten der Zwangs- oder Ortskrankenkassen ist bekanntlich derjenige Versicherungspflichtige von der Versicherungspflicht in diesen Kassen befreit, welcher einer § 75 des Krankenkassengesetzes genügenden freien Hülfskasse angehört. Was ist also einfacher, als nur Arbeiter einzustellen, die einer solchen freien Hülfskasse angehören, der sie vielleicht seit langem gewohnheitsgemäß ihre Beiträge zahlen, sodaß sie an eine Inanspruchnahme des Arbeitsgebers gar nicht denken?! Dieser Mißstand ist nach der Abänderung der Krankenkassengesetzgebung, nach welcher auch die freien Hülfskassen freie Kur zu gewähren haben, eher schlimmer als besser geworden. Es giebt sogar Arbeitsgeber, die den bei ihnen um Arbeit Nachsuchenden ganz dreist erklären: „Krankenkassenbeiträge zahle ich nicht, dafür müssen Sie durch Ihre Hülfskasse selbst sorgen." Eine Anfrage meinerseits in Betreff dieses Punktes bei der zuständigen Behörde ist seiner Zeit resultatlos verlaufen. Dieselbe bezeichnete in ihrem Antwortschreiben „dieses Treiben ihr durch bereits eingegangene Beschwerden als bekannt und dem Geiste des Gesetzes zuwider, indessen sei ihm auf Grund der geltenden gesetzlichen Vorschriften nicht beizukommen." Was Wunder, wenn durch solches Vorgehen der Besitzenden den Agitatoren das Oel zum Flammenschüren geliefert und das Vertrauen in das ernste Wohlwollen der Regierungen erschüttert wird!

Auch der gegen die Markensammelbücher erhobene Vorwurf der Mißliebigkeit bei den Arbeitern ist zum größten Theil hinfällig und zwar durch die Bestimmung auf den Karten der Alters- und Invaliditätsversicherung: daß bei Strafe keinerlei Vermerk auf den Karten angebracht werden dürfe, da bei den Sammelbüchern die Hauptsorge der Arbeiter war, daß dieselben von Seiten der Arbeitgeber gegen mißliebige Arbeiter durch heimliche Zeichen zu Controllzwecken benutzt werden könnten. Die Einführung dieser Bücher würde aber im Vergleich mit den jetzt beliebten losen Karten an sich schon eine, wenn auch mehr äußerliche Vereinfachung sein.

Der etwaige Verlust eines solchen Buches wäre wegen der Neuanmeldung in jedem Orte und der Nachweismöglichkeit der letzten Arbeitsgelegenheiten verhältnißmäßig leicht zu beschaffen.

Die Vereinfachung des gesammten Arbeiterversicherungswesens scheint mir nun im Wesentlichen zunächst auf eine Vereinfachung des Zahlungsmodus hinauslaufen zu müssen und zu können. Aber schon damit wäre viel gewonnen. Daß dies aber möglich ist, zeigt z. B. die Hamburger Anstalt für die Dienstbotenversicherung, in der gleichzeitig für die Krankenkasse und die Altersversorgung gezahlt wird. Ob es anderswo auch so ist, weiß ich nicht. Es genügt aber nicht bei einer so äußerlichen Vereinigung der verschiedenen Versicherungsarten stehen zu bleiben, sondern müssen wir eine organische Zusammengliederung sämmtlicher Versicherungsarten, und damit eine Zusammenziehung der drei verschiedenen Beiträge in einen, zu erreichen bestrebt sein.

Inwieweit dies möglich ist, werden wir im nächsten Kapitel zu zeigen suchen. Eine weitere, wenn auch unscheinbare Vereinfachung des Zahlungsmodus ist die Abrundung der durch die Verschmelzung der drei Versicherungsarten gefundenen Summe der Beiträge, und zwar kann dieselbe getrost nach oben hin geschehen. Ein kurzes Beispiel wird dies leicht erläutern: jetzt beträgt der Beitrag der ersten Klasse der Alters- und Invalidenversicherung 14 Pf., der zweiten 20 Pf., der dritten wiederum 24 Pf., der der vierten 30 Pf., mithin der halbe Beitrag für Arbeitgeber und Arbeitnehmer je 7, 10, 12 und 15 Pf. Wohin aber die Rechnung mit Kupferpfennigen im täglichen Verkehr führt, ist aus zahlreichen Klagen aus dem Arbeiterstande ersichtlich, wonach der den Lohn am Wochenschluß auszahlende Arbeitgeber oder Werkmeister, einerlei ob mit oder ohne Absicht, oft um sein Kupfergeld zu kurz kommt, den betreffenden Arbeiter wegen seiner zwei oder drei Pfennige bis zur nächsten Lohnzahlung vertröstet, bis zu dieser haben aber beide Theile die Pfennige vergessen, und der Arbeiter ist der Geschädigte. Es wird bei dem von mir weiter unten skizzirten Dreiklassensystem der vereinigten Versicherungen sicher Niemanden drücken, wenn er, irgend eine Zahl gesetzt, statt 48 Pf. 50 Pf. zahlt oder selbst statt 46 Pf. 50 Pf. Außerdem prägen die abgerundeten Zahlen sich besser dem Volksbewußtsein ein, sind bequemer zu verrechnen, — und die überzähligen Pfennige werden in ihrer Masse bei den

Millionen Versicherter eine für den Einzelnen kaum fühlbare Ausgabe, für die Gesammtversicherung aber eine ganz erkleckliche Summe bilden, die doch allein schließlich wieder dem arbeitenden Volke zu Gute kommen würde, entweder in Form erhöhter Renten oder der längst ersehnten Wittwen- und Waisenunterstützung (s. u.).

II. Kapitel.

Organische Zusammengliederung sämmtlicher Versicherungsarten.

Zur Verwirklichung dieser Pläne gehört zunächst und vor allen Dingen die Bildung einer einheitlichen Reichskrankenkasse, genau so einheitlich wie unsere Alters- und Invalidenversicherung. Dieselbe braucht keineswegs neu gegründet zu werden, ist vielmehr aus den bestehenden Krankenkassen abzugliedern, und zwar wie folgt: die bisherigen Orts- und Gemeindekrankenkassen gehen sämmtlich und gänzlich in derselben auf, die Fabrik-, Betriebs-, Innungs-, Bau-, Bahn-, Knappschafts- und sogenannten freien Hülfskassen aber nur insoweit,*) als sie von den Beiträgen ihrer Mitglieder soviel abtreten müssen oder von diesen soviel weniger erheben dürfen, als zur Deckung der Kurkosten und eines Minimal-Krankengeldes von Seiten der Reichskrankenkasse nöthig ist. Dies letztere nämlich, die Zahlung eines Minimal-Krankengeldes seitens der Reichskrankenkasse, ist der Punkt, der mir bei Bildung einer allgemeinen Reichs-Zwangs-Krankenkasse absolut nothwendig erscheint, um der Gefahr entgegen zu treten, auf deren Entstehungsmöglichkeit beim Wirthschaften aus dem großen Beutel auf der Conferenz ebenfalls schon aufmerksam gemacht worden ist, nämlich daß zu kostspielig gearbeitet und bei größerer Arbeitslosigkeit die Simulation gefördert werden würde. Gleichzeitig würde dieses Minimal-Krankengeld die Leute zwingen, aus eigenem Sparsamkeits- und Erhaltungstriebe die freien Hülfskassen beizubehalten, sodaß also diese sittlichen Triebe bei der neuen Gestaltung der Dinge, wie bei

*) Siehe Anmerkungen.

etwaiger Aussicht auf gänzliche Erhaltung von Staatswegen keineswegs verloren gingen. Durch die strenge Gegenseitigkeitscontrolle bei den freien Hülfskassen wäre aber gleichzeitig eine weitere Sicherheit auch für die Reichskrankenkasse gegen überhandnehmende Simulation geschaffen. Der Rest der Mitgliedsbeiträge der freien Hülfskassen wäre, während der erste Bestandtheil von Seiten der Zwangskasse, also gewissermaßen von Staatswegen, eingezogen würde, falls die Mitglieder zur Vervollständigung ihres Krankengeldes in der „Hülfskasse" zu bleiben wünschen, von dieser (eventuell unter Erhöhung oder nach Klassen gesteigert) einzuziehen, dieses aber der Initiative der einzelnen Hülfskassenverwaltungen zu überlassen, um durch eine möglichst freie Selbstverwaltung die Freude am derartigen Schaffen möglichst ungetrübt zu erhalten.

Die Vortheile dieser neuen Einrichtungen wären also kurz skizzirt folgende:

1. Die alten bewährten Organisationen bleiben im Rahmen der bestehenden Gesetze so gut wie unberührt erhalten, z. Th. vollständig auf dem Stande vor der Novelle zum Krankenkassengesetz.

2. Die Verwaltung der jetzt schon riesigen Vermögensbestände wird, nach Analogie der Postverwaltungen, wesentlich vereinfacht und dadurch billiger und zweckmäßiger; in wie weit dadurch in socialpolitischem Sinne verwendbarer, werden wir alsbald sehen.

3. Es würde eine reinliche Scheidung zwischen Postamt, Polizeiamt und Arbeitsamt (s. u.) eintreten.

4. Die Versicherung der Arbeitnehmer ist seitens dieser sowohl, wie besonders auch der Arbeitgeber, bequemer, zeitsparender, übersichtlicher, voraussichtlich auch billiger.

5. Einer Drückerei in der Zahlung des gesetzlichen Beitragsdrittels seitens der Arbeitgeber, wie bei dem jetzigen Krankenkassenwesen, ist ein Riegel vorgeschoben.

6. Den sittlich hebenden und für die Zukunft sorgenden Charaktereigenschaften: Sparsamkeit, Sorge für die Familie u. s. w. wird durch die vorgeschlagene Vereinfachung kein Abbruch geschehen, sondern dieselben werden sich im Gegentheil unter freierer Selbstverwaltung, nachdem nur das Schwerste und Drückendste, die Kosten der freien Kur, den Kassen genommen ist, erst recht entfalten können.

7. Durch die Zusammenziehung der Krankenkassen wird eine

Unmenge von Weitläufigkeiten für An= und Abmeldung, bei Erkrankungen auf der Wanderschaft u. s. w. erspart.

8. Einer Reihe alter Leute, die in Folge schon länger bestehender Gebrechlichkeit in den letzten Jahren nicht mehr arbeiten und in Folge dessen den jetzigen Anforderungen an die Alters= und Invaliditätsversicherungen nur theilweise oder gar nicht genügen konnten, trotzdem sie auf ein langes Leben voll Arbeit zurückblicken und oft Jahrzehnte lang in ihre alte freie Hülfskasse eingezahlt haben, würde vielleicht durch den, wenn auch nur theilweise erfolgten Anschluß ihrer Hülfskasse und durch eine aus eigenen oder Gemeindemitteln zu zahlende Eintrittsentschädigung der Anschluß an die Reichsversicherung zu gewähren sein. Für die betreffenden Gemeinde= und Armenverwaltungen, besonders ärmerer ländlicher Bezirke, dürfte gerade dieser Punkt von entlastender Bedeutung sein, während er bei der großen Ausdehnung der Reichsversicherung (s. u.), und jedenfalls doch nur für eine verhältnißmäßig kurze Reihe von Jahren, kaum wesentlich ins Gewicht fallen dürfte, andererseits aber von der arbeitenden Bevölkerung als ein Act milde waltender Gerechtigkeit empfunden werden würde. Diejenigen Alten aber, die zur Zeit noch arbeitsfähig und gleichzeitig Mitglieder einer freien Hülfskasse, bisher aber nicht rentenberechtigt sind, würden gewiß gern den zum Mindestsatz festgestellten Beitrag zur Rentenversicherung mehr beitragen, um diese Berechtigung noch nachträglich zu gewinnen.

Für die Armenverwaltungen blieben mithin dann nur noch zwei Gruppen von Unterstützungsbedürftigen übrig: einmal diejenigen, die versicherungspflichtig sind und vielleicht auch durch Theilnahme an freien Hülfskassen sich nach Möglichkeit gesichert haben, jedoch durch übergroße Kinderzahl, kostspielige Krankheiten ihrer Kinder oder länger dauernde unverschuldete Arbeitslosigkeit in besondere Bedrängniß gerathen sind und weiterer Beihülfe zur Erhaltung der Existenz bedürfen — Fälle, die, wie mir scheint, besonders geeignet sind, auch die private christliche Liebesthätigkeit zu interessiren, — und sodann diejenigen, welche in Folge von thatsächlichem Unvermögen, Lotterigkeit oder Beschränktheit, geistiger oder körperlicher Gebrechen außer ihrer Zwangsversicherung (s. u.) nicht für Extraversicherungen in Hülfskassen Sorge getragen hatten. Diese Individuen bedürfen in einem christlichen Staat allerdings ebenfalls einer materiellen Unterstützung, vor allem jedoch der streng erziehenden Hand des Staates, d. h. der Allgemeinheit. Außerdem kommt das die meisten doch noch drückende Gefühl, „Armenunterstützung“ empfangen zu haben, als erzieherisches Moment hinzu. Je mehr wir aber durch eine möglichst vereinfachte, alles umfassende und zahlfähige Versicherung dafür sorgen, daß die „Armenunterstützungen“ thunlichst vermieden werden, hebt sich auch das Selbstbewußtsein und Ehrgefühl der Menge, und die Armenunterstützung wird, falls sie nicht als durch übergroßes, unverschuldetes Unglück veranlaßt wird, wieder das, was sie im Bewußtsein unseres im großen Ganzen unbedingt noch feinfühlenden und ehrliebenden arbeitenden deutschen Volkes geblieben ist: ein Etwas, das dem, der es empfängt, nicht gerade als etwas Erstrebenswerthes erscheint.

Gegen die officielle und obligatorische Mitversicherung der Kinder von Staats- und Reichswegen, wie Sturm sie in seinem Grenzbotenaufsatz (Heft 47. 1895) und Dr. med. Trilling in seinem höchst lesenswerthen Buche: „Die sociale Frage der deutschen Aerzte und ihre Verbesserung durch die Verstaatlichung der kassenärztlichen Praxis mit Einschluß aller Familienangehörigen“ vorschlägt, möchte ich einwenden, daß auch diese trotz aller vortrefflichen Absichten der Verfasser, bereits ein wenig zu sehr nach dem communistischen Zukunftsstaat schmeckt, d. h. dem Einzelnen zu sehr die Initiative vorwegnimmt, wie weit er für seine Lieben sorgen will. Daß der Arbeiter unter sonst normalen Verhältnissen, die Versicherung der Frau als selbstverständlich (s. u.) vorausgesetzt, durch Krankheit der Kinder in große Noth gerathen könne, scheint mir doch nur in Ausnahmefällen möglich, besonders da, wo es sich um die Nothwendigkeit eines Krankenhausaufenthaltes handelt. Für solche Fälle möchte ich lieber warm die Schaffung von Krankenhausabonnements für Arbeiterkinder vorschlagen, ähnlich denjenigen für Dienstmädchen, — wie sie heute fast überall bestehen, wo noch keine obligatorische Dienstbotenversicherung vorhanden ist —, die bei regerer Betheiligung gewiß entsprechend billig zu stellen wären. Ferner würde die Berechnung dieses Versicherungszuwachses für die Reichsversicherung ganz neue Schwierigkeiten bereiten, für die noch verhältnißmäßig viel zu wenig Erfahrungen vorliegen. Aber auch für die Aerzte, fürchte ich, würde diese Neuerung kein Vortheil, sondern eher eine

Fülle unerwünschter Belästigungen werden, wenn die Mütter wegen jeden vermeintlichen Leidens ihres Lieblings, pochend auf ihre Zwangsversicherung, den Arzt citirten, außerdem aber uns Aerzten eine Quelle reiner Berufsfreude verstopfen, die keine erfahrene Undankbarkeit versiegen läßt: an den Kindern der Armen auch einmal freigebig unsere Kunst verwenden zu können. Die Sorge für seine Lieblinge soll dem Arbeiter eine Quelle persönlichster Hingebung und Umsicht bleiben, wie mir scheint, schon um der Empfindung willen, daß gerade ihnen keine „Kassenbehandlung" zu Theil wird. Besser scheint mir, mit allen Mitteln dahin zu streben, daß die Noth in unserem arbeitenden Volke nicht in Permanenz erklärt wird, sondern die sociale Noth dadurch gehoben wird, daß für jeden Volksgenossen wieder Raum im Vaterlande wird, um sein Leben als eines Deutschen würdiges ausleben zu können, dadurch, daß wir, wie unser Kaiser es ja ebenfalls will, die Weltmachtstellung Deutschlands immer ausgedehnter gestalten.

Die für die Aerzte erwachsenden Folgen der Zusammenfassung der die Kurkosten übernehmenden Krankenkassen in eine Reichskrankenkasse liegen auf der Hand: jeder approbierte Arzt wäre gegen die gesetzlich festzusetzenden Krankenkassenhonorare der gegebene Arzt derselben. Es wäre hiermit also eine freie Arztwahl in denkbar weitestem Sinne geschaffen. Wie weit eine Eintheilung in örtlich abgegrenzte Bezirke zu erfolgen hätte, um durch zu große Entfernungen verursachte Mehrkosten zu vermeiden, ließe sich auf Grund der bisher gemachten Erfahrungen leicht entscheiden. Gegen mißbräuchliche Amtsführung durch Begünstigung von Simulation, oder überflüssig theure Receptverschreibung u. s. w. wäre ein ebenso einfaches wie mildes und doch höchst wirksames Mittel nach Erlaß genauer Instructionen: die Suspendirung auf kurze Zeit, von $^1/_4$—1 Jahr nach erstmaligen drei Verwarnungen, wie es in ähnlicher Weise in einer Reihe von Städten durch die ärztlichen Vereine bereits eingeführt ist. Andrerseits wäre durch diese Freigabe der ärztlichen Praxis an der Reichskrankenkasse für die staatlich approbierten Aerzte einmal die heutzutage oft herrschende Sorge hinfällig, ob sie für ihre Leistungen ihr Honorar bekommen, ob die Kasse vor Zahlung Concurs macht, oder ob sie statt ihrer nach dem Minimaltarif von 1817 angesetzten Honorarforderungen 30% oder 50% bekommen, je nachdem die Kassen in der Lage sind zu zahlen oder nicht. Endlich würde es wesentlich zur Erhaltung der Würde und damit zur Leistungsfähigkeit dieses für die Wohlfahrt unseres ganzen Volkes so wichtigen Standes beitragen, wenn durch die in Folge staatlicher Approbation sich von selbst verstehende Anstellung bei der Reichskrankenkasse das heutzutage ja leider durch den Kampf ums Dasein unbegüterten Aerzten oft aufgezwungene Buhlen um die Gunst socialdemokratischer Kassenvorstände aufhörte.

Die Schwierigkeiten einer Verschmelzung einerseits der beiden Rentenanstalten unter sich, andererseits dieser beiden mit der Krankenversicherung, dürften trotz des verschiedenartigen Characters der drei Unterstützungen, — im letzteren Falle eine häufigere, aber für kürzere Zeit, in beiden ersteren Fällen eine für längere Jahre, wenn nicht für Lebenszeit eintretende Unterstützung, welche natürgemäß eine viel gründlichere Untersuchung der Berechtigung bedingt, — nur scheinbare sein. Für die Verschmelzung aller drei Verwaltungen, der soeben skizzirten Reichskrankenkasse und der beiden Rentenanstalten, sprechen aber, wie auf der Conferenz bereits von Herrn Dr. Boediker hervorgehoben wurde, eine Reihe gewichtiger Gründe. Diese Zusammenziehung würde eine ganz wesentliche Vereinfachung bedeuten, insbesondere auch in Betreff des Umstandes, daß gerade die beiden letztgenannten Versicherungszweige Anstalten benöthigen, um ihre Kranken mit der größten Sachkenntniß und der sorgfältigsten Anwendung aller Mittel möglichst bald wieder arbeitsfähig herzustellen, um die lange fortlaufende mehr oder minder hohe Rente zu sparen. Bei dieser Verschmelzung wäre aber die Frage: soll die nach örtlichen Principien gegliederte Alters- und Invalidenversicherungsgesellschaft sich nach den genossenschaftlichen und ohne wesentliche Rücksichten concentrirten Berufsgenossenschaften richten? Meiner Ansicht nach soll man in diesen Fragen der inneren Verwaltung sich vor allen Dingen hüten, zu sehr centralisiren zu wollen. Eine zu große Centralisation unserer doch vor allem humanen und in christlicher Bruderliebe wie socialem Gerechtigkeitsgefühl geschaffenen Einrichtungen würden meines Erachtens leicht eine zu große Generalisirung der Fälle bewirken, wobei es nur zu leicht passiren könnte, daß unter der erdrückenden Wucht des jährlich und täglich zunehmenden Materials die Beamten dazu kämen, eben nur noch abzufertigendes und statistisch zu rubricirendes Material, aber nicht mehr einzelne hülfsbedürftige Mitmenschen zu sehen. Ich möchte also, kurz gesagt, nur davor warnen, in diesen Dingen „vereinfachen" nicht mit „centralisiren" zu verwechseln. Wir können wohl zufrieden sein, daß diese beiden Organisationen, durch einen Zeitraum von mehreren Jahren in ihrem Werden von einander getrennt, sich jede so eigenartig und ihrem besonderen Zweck entsprechend entwickelt haben.

Wollen wir hier durch Zusammenziehung vereinfachen, so müssen wir andererseits gleichzeitig wiederum für eine geeignete organische Gliederung sorgen, und diese wäre meines Erachtens durch die Gliederung in Verbände der Gemeinden, Kreise, Provinzen am natürlichsten und zweckmäßigsten gegeben.

Die heutigen Berufsgenossenschaften, die sich in ihren den Unfällen vorbeugenden Maßregeln bereits so vorzüglich ausgebildet und glänzend bewährt haben, auch in Bezug auf diese Thätigkeit gänzlich streichen zu wollen, dürfte unthunlich, ja unmöglich sein. Eher möchte ich dafür stimmen, daß für diejenigen Erwerbszweige, für welche noch keine Berufsgenossenschaft gebildet ist: die Dienstboten u. a., wenn nöthig, eine Sammelberufsgenossenschaft gebildet würde, da, wenn auch erheblich seltner als in den anderen Berufsgenossenschaften, so doch auch hier oft genug Unfälle, Stürzen beim Fensterreinigen, Blutvergiftungen beim Zubereiten von Fleisch und Fisch u. s. w., vorkommen können (entsprechend der sehr großen Zahl der Betheiligten, wohl öfter als man denkt) und da ferner eine einheitliche Behandlung derartiger Unfälle vor allen Dingen auch eine Forderung socialer Gerechtigkeit wäre. Vielleicht ließen sich die Berufsgenossenschaften unter Abtrennung ihres Rentenanstaltscharacters mit den Gewerbeinspectionen zu Körperschaften zusammenziehen, denen vor allem die technischen Seiten des Betriebes unterliegen: die Sorge für Sicherheit der Betriebe, gesunde Beschaffenheit der Arbeitsräume u. s. w. Sie würden in dieser Beziehung die ausführenden Organe des alle Versicherungszweige umfaßenden Reichsversicherungsamtes sein, von welchem sie immer wieder neue Anregungen durch die, in ihren eigenen und in den übrigen Betrieben gemachten Erfahrungen zu erhalten hätten. Vielleicht wäre ihnen auch die Aufgabe zu übertragen, darauf zu sehen, daß die für die Betriebe nöthigen Arbeitermassen auch die geeigneten Wohnstätten vorfinden könnten, so daß diese Frage mit ausschlaggebend sein würde bei der Conzessionsertheilung neuer Fabrikanlagen, ein wichtiger Anfang zur Decentralisation unserer heutigen Großstädte, dieser Mißgeburten des zu Ende gehenden Jahrhunderts!

Am schwierigsten erscheint beim ersten Versuche einer Umschmelzung der Unfall- und Invaliditätsversicherung in Provinzialverbände die Bestimmung der Unkosten der Unfallversicherung, welche bisher nach dem Umlageverfahren berechnet worden ist, während die Beiträge der Alters- und Invalidenversicherung nach dem Prämien- oder Kapitaldeckungsverfahren eingezogen wurden. Auch in diesem Falle muß uns die bisherige Entwickelung als absolut nothwendige Lehrmeisterin dienen. Die Umwandlung des bisherigen Umlageverfahrens in das Kapitaldeckungsverfahren, welche bei einer derartigen Umschmelzung beider Versicherungsarten allerdings nicht zu umgehen sein würde, könnte ermöglicht werden durch eine Durchschnittsberechnung, wie sie ja seit Bestehen der Berufsgenossenschaften von diesen regelmäßig angestellt werden, für die in den betreffenden Betrieben auf den einzelnen Arbeiter kommenden Unkosten. Aus dem Durchschnitt der Summe dieser den einzelnen Betrieben erwachsenen Unkosten einer Lohn- und Gefahrenklasse ergiebt sich dann der neue Unfallbeitrag, dessen Differenzen gegen jetzt bei der großen Summirung kaum erheblich ins Gewicht fallen dürften.

Der von anderer Seite (vergl. Hamb. Corresp. 824, 1895 u. a.) gemachte Einwurf: die Unfallversicherung und Invaliditäts- und Altersversicherung ließen sich deswegen nicht verschmelzen, da die erstere als eine Generalversicherung des Personals, letztere als eine Individualversicherung anzusehen sei, dementsprechend die Rente beim Unfall sich nach dem zur Zeit des Unfalls bezogenen Lohne, die Rente bei der Invalidität sich aber nach den geleisteten Beiträgen zu richten hätte, muß in Bezug auf diesen Gesichtspunkt an sich unbedingt als richtig anerkannt werden. Indessen ist die Schwierigkeit überwindbar und der Einwurf dadurch hinfällig, daß dies, wie schon gesagt, wohl kaum bei der Größe des Reichsfonds einer einheitlichen Gesammtversicherung eine Schädigung des einzelnen Arbeitgebers als Zahler der Unfallbeiträge bedeuten würde. In der Praxis würde sich mithin der Fall folgendermaßen gestalten: ein Arbeiter z. B. aus einem landwirthschaftlichen Betriebe, der für gewöhnlich in der niedrigsten Lohn- und Gefahrenklasse versichert ist, muß, wenn er auch nur einen Tag in der Woche in gefährlichem Betriebe, z. B. bei der Dampfdreschmaschine beschäftigt ist, in der höchsten Klasse für diese Woche versichert werden. Kommt er bei dieser, wenn auch nur ausnahmsweise ausgeübten Thätigkeit zu Schaden, so erhält er die Rente dieser höheren Gefahrenklasse, ungeachtet der früher eingezahlten niedrigeren Beiträge. Die scheinbare Ungerechtigkeit, in Wirklichkeit eine Gerechtigkeit gegen den Verunglückten, wird in ihren Consequenzen für die Reichsversicherung ausgeglichen durch die relative Seltenheit des Vorkommens gegenüber der Größe der Kasse.

Eine weitere Vereinfachung scheint mir durch eine Beschränkung der Lohn- und Gefahrenklassen auf drei statt vier der heutigen Invaliditäts- und Altersversicherung zu erreichen zu sein, und zwar würde ich folgende Gruppirung vorschlagen nach dem Grundsatze, daß diejenigen, die unter der Erde, auf Gerüsten, bei Maschinen, auf Schiffen, in giftigen, dumpfen, hohen Temperaturen oder in besonders staubiger Atmosphäre ihr Tagewerk zu verrichten haben, in mehr oder minder gleicher Weise den tückischen Feinden, Krankheit und Tod, ausgesetzt sind. Hierher wären demnach zu rechnen: die Bergleute, Heizer, Maurer, Dachdecker, Schornsteinfeger, Schaffner, Schiffer, Zimmerleute, Maler (soweit sie auf Gerüsten zu thun haben), Brauer, Arbeiter in Quecksilber-, Arsen-, Phosphor- und dergleichen Fabriken, in Maschinenfabriken, mechanischen Webereien und Spinnereien, Steinhauer und Glasarbeiter u. s. w.

Zur zweiten Gruppe rechne ich diejenigen gelernten Arbeiter, deren Gewerbe keine hervorragende Gefahren für Leben und Gesundheit mit sich bringt: Tischler, Drechsler, Klempner (soweit sie nicht auf Dächern oder an hohen Häusern beschäftigt sind), Schlosser, Glaser, Buchbinder, Schneider, Schuster, Böttcher, Goldschmiede, Grobschmiede, Kutscher, Fuhrknechte, Cigarrenarbeiter, Müller, Bäcker, Schlachter, kaufmännische Gehülfen u. s. w.

Zur dritten Gruppe rechne ich vorwiegend ungelernte Arbeiter, aber auch solche Berufszweige, die an sich nur geringe Gefahren mit sich bringen oder sogar zur Erhaltung der Gesundheit beitragen: Land-, Forst- und Erdarbeiter, Gärtner, Kellner und Hausbedienstete.

Die höheren Unfallbeiträge, welche die Quecksilber-, Arsen-, Phosphor- und dergleichen Fabriken zahlen müßten, würden — selbst an Zahl geringere Betriebsunfälle nach heutigen Begriffen vorausgesetzt — gerechter Weise von den Unternehmern zu erlegen sein, wegen der größeren Zahl von Berufskrankheiten, welcher die Arbeiter dieser Betriebe durch die betreffenden Gewerbekrankheiten, Quecksilber-, Arsenvergiftung, Lungenerkrankungen u. s. w. ausgesetzt sind. Die Vertheilung der Beiträge auf den Arbeitnehmer und Arbeitgeber bei Einklebung der wöchentlichen Sammelmarke für sämmtliche Versicherungen betrüge demnach in der ersten Klasse (x = Beitrag des Arbeitgebers für die Unfallversicherung, y = Beitrag beider für Alters- und Invaliditätsversicherung, z = Beitrag für Krankenversicherung), für den Arbeitgeber $x + \frac{y}{2} + \frac{2z}{3}$, für den Arbeitnehmer $\frac{y^1}{2} + \frac{z}{3}$.*) Diese Vereinfachung der Berechnung der Unfallkosten durch Festsetzung eines dauernden Betrages ist eben erst jetzt möglich und thunlich und deshalb vorschlagbar geworden, weil jetzt erst nach längerem Bestehen der heutigen Berufsgenossenschaften die nöthigen Erfahrungen einer Reihe von Jahren vorhanden sind. Daß sie überhaupt möglich sind, beweisen die Berechnungen der Privatunfallversicherungsgesellschaften; analog diesen würde das neue Verfahren gewissermaßen als eine Art staatlich garantirter Gegenseitigkeitsversicherung sämmtlicher Berufsgenossenschaften aufzufassen sein.

Was nun die Versicherung der nichtständigen Arbeiter und kleinen Betriebsunternehmer betrifft, zu denen noch die in der Hausindustrie beschäftigten Leute hinzugerechnet werden dürften, so kann ich mich für den Reichszuschuß, den Sturm (Reform der Arbeiterversicherung, Heft 47 der Grenzboten, Jahrg. 1895) den nichtständigen Arbeitern und kleinen Unternehmern zubilligt, nicht erwärmen, da derselbe bei ersteren ganz entschieden viele Betriebsunternehmer dazu verleiten würde, überhaupt keine ständigen Arbeiter mehr einzustellen, um sich um die Beiträge zu drücken. Den kleinen

---

*) Anmerkung: Nach meinen oben angestellten Abänderungsvorschlägen zwecks Gründung einer Reichskrankenkasse nach der dieser zustehenden Pflichten $\frac{2z}{3}$ für den Arbeitgeber und $\frac{z}{3}$ für den Arbeitnehmer anstatt des heute umgekehrt gültigen Verhältnisses, mit besonderer Berücksichtigung der Gewährung eines Minimalkrankengeldes, welches den Arbeitnehmer gewissermaßen zwingt, auf eigene Rechnung einer freien Hülfskasse beizutreten.

Unternehmern würde ich die Hülfe sehr gönnen, allein sie wäre unter Umständen ein gewagter Schritt in communistischer Richtung. Es stehe dem kleinen Unternehmer frei, in welcher der drei Lohn- und Gefahrenklassen er sich nach Maßgabe seiner jeweiligen Mittel und gemäß unserer Vorschläge en bloc zu versichern wünscht. Selbst in schlechten Zeiten wird sein Einkommen für die dritte oder vierte Klasse noch reichen, während er in guten seine Lage für den Nothfall durch den Einkauf in eine höhere Klasse, spätere Durchschnittsberechnung vorausgesetzt, aufzubessern in der Lage ist.

Die Versicherung der nichtständigen Arbeiter ließe sich zweckmäßig so einrichten (die jetzige Montagsversicherung ist doch ein wahres Unding), daß der jeweilige Unternehmer bei der abendlichen Lohnzahlung dem Arbeiter auf ein Papptäfelchen (in der Größe eines Eisenbahnbillets, passend für sechs Tagesmarken) eine Tagesmarke einklebt, welches letzterer, wenn es mit sechs Marken gefüllt ist, im Arbeitsamt (s. u.) gegen kostenlose Einklebung einer Wochenmarke in sein Versicherungsbuch eintauscht, welche im Amt gleichzeitig mit einem entsprechenden Vermerk versehen wird. Man werfe nicht ein, daß dies zu weitläufig und deshalb unpopulär sein werde. Unsere Arbeiterschaft ist, um ein Beispiel zu erwähnen, durch das Lösen, Aufbewahren und Vorzeigen ihrer Wochenabonnementskarten bei der Billetkontrolle auf der Eisenbahn bereits an ganz andere Schwierigkeiten gewöhnt.

Eine weitere Vereinfachung beider Rentenanstalten liegt meines Erachtens in Schaffung eines gemeinsamen Rentenfestsetzungsverfahrens, gemeinsamer Schiedsgerichte und Aufsichtsbehörden, sowie gemeinsamer Heilanstalten: sowohl Sanatorien für Lungenkranke und andere Leidende, denen durch günstigeres Klima ihre Erwerbsfähigkeit wiedergegeben werden soll, als auch insbesondere chirurgisch-orthopädischer Anstalten zu dem nämlichen Zwecke, vor allem aber in einer engeren Angliederung an das Krankenkassenwesen, als heute bereits bestehend. Es scheint mir in Consequenz der heutigen Verhältnisse gegeben, daß jeder Kranke auf Antrag des ihn behandelnden Arztes alsbald oder nach Ablauf einer gewissen Frist, sagen wir eines Vierteljahres, bezw. in gewissen, gesetzlich festzustellenden Fällen früher, auf Grund einer dann stattzufindenden Untersuchung seitens des staatlichen Vertrauensarztes, des Physikus, (bei Verheiratheten und in elterlicher Pflege Befindlichen freilich nur mit ihrer Einwilligung) den soeben erwähnten Anstalten überwiesen werden kann. Soll diesem staatlich-ärztlichen Aufsichtsbeamten, dem Physikus, aber eine derartig in die Thätigkeit der behandelnden Aerzte und die Freiheit des Patienten eingreifende Machtvollkommenheit eingeräumt werden, wie sie in noch größerem Maße nach der Novelle zum Krankenkassengesetz die heutigen Vertrauensärzte der Berufsgenossenschaften bereits besitzen, so ist demselben zunächst durch auskömmliches Gehalt nebst entsprechenden Pensionsaussichten unter Verzicht auf Privatpraxis eine von dem Drängen des täglichen Lebens unabhängige Stellung, ähnlich der des Richters, zu schaffen. Des weiteren aber muß an seine Ausbildung ein denkbar hohes Maß von Anforderungen gestellt werden. Um einen derartigen verantwortungsvollen Posten einzunehmen, kann es nicht genügen, vielleicht als junger Arzt ohne weitere Vorbildung an Hospitälern sich in der Muße einer beschaulichen Landpraxis auf sein Physikatsexamen vorbereitet zu haben, sondern es muß eine mehrjährige praktische Ausbildung in Psychiatrie, innerer Medicin und Chirurgie an einem Krankenhause und einer Irrenheilanstalt, des ferneren zur Erprobung der nöthigen ärztlichen, wie menschlichen Eigenschaften eine mindestens zehnjährige Thätigkeit als praktischer Arzt der Bekleidung dieses Amtes vorausgegangen sein, damit der Betreffende nicht in die Lage komme, besser ausgebildeten Aerzten als beamteter Arzt in der oben beregten Aufgabe entgegentreten zu müssen, wie es bei den sogenannten Vertrauensärzten der heutigen Berufsgenossenschaften des öfteren vorkommen soll. Dieses Amt nebst den bisherigen gerichtsärztlichen und hygienischen Aufgaben des Physikus würde wahrlich genügen, um die Arbeitskraft eines Mannes bei gleichzeitiger wissenschaftlicher Verwerthung der so gewonnenen Erfahrungen voll in Anspruch zu nehmen.

Charakteristisch für das Krankenkassenwesen ist, wie ebenfalls bereits auf der Conferenz hervorgehoben wurde, das Gebundensein an die Oertlichkeit, schon in Folge der unendlich häufigeren Inanspruchnahme seitens der Mitglieder. Wenn in den Krankenkassen in gewisser Weise die ersten Sammelstellen für die beiden großen Rentenversicherungsarten gegeben sind, bedürfen letztere, wie soeben bereits ausgeführt, in Folge ihrer schwierigeren Begutachtungen, schiedsrichterlichen Entscheidungen, Sachverständigenurteile u. a. m. einer gewissen Concentration, schon zur Sammlung weiterer Erfahrungen und zum weiteren Ausbau. Wohl aber könnten die Krankenkassenverwaltungen die örtlichen Mittelpunkte bilden, in denen die verschiedenen Fäden zusammenlaufen, durch welche die mancherlei Mittheilungen und Anfragen besorgt würden, von denen die dreifach (s. o.) verschiedenen Beiträge in einer Quote mit Einklebung einer Marke von stufenweise verschiedenen Werthen erhoben und an die einzelnen Versicherungen verrechnet würden -- genau nach dem Vorbilde unseres heutigen Postwesens. Die Krankenkassen würden gewissermaßen den Kern bilden der örtlichen oder Gemeinde-Arbeitsämter.

III. Kapitel.

Das Arbeitsamt und seine Functionen.

Unser gesammtes heutiges Leben fängt an durch die fast über-schnell zunehmenden Fortschritte unserer Cultur derartig complicirt zu werden, daß wir von Zeit zu Zeit gleichsam immer wieder Athem schöpfen müssen, um durch neue Gruppirungen wieder Klarheit und bessere Uebersicht zu gewinnen. Unsere Verkehrsmittel in ihrer großartigen Mannigfaltigkeit haben sich zusammengezogen unter Führung des Eisenbahnministeriums einerseits und des Reichspostamtes andererseits, — vielleicht daß die Zeit kommt, wo ein Reichsverkehrsministerium Eisenbahnen, Post, Telegraph und Telephon, Straßen und Kanäle in sich vereinigt, um in organischer Gliederung einheitlicher wirken zu können. Vielleicht erleben wir auch die Zeit, daß das Reichsamt des Inneren und das Ministerium der geistlichen und Medicinalangelegenheiten neue Gruppirungen in Form eines Reichsministeriums für Volkshygiene und Medicinalangelegenheiten und eines Reichs-Arbeitsministeriums abscheidet. Diesem Reichs-Arbeitsamt, wie es ja zur Zeit im Reichsamt des Inneren mitenthalten ist, müßte wohl die Ausführung der gesammten Arbeiterschutzgesetzgebung zufallen. Es würde sich dann naturgemäß gliedern nach den deutschen Staaten, Provinzen, Kreisen und Gemeinden. Die Aufgabe dieser Gemeindearbeitsämter scheint mir für die Zukunft von allerweittragendster Bedeutung.

Im Eingang des „Arbeitsamts“ möge — sobald sie überflüssig wird, desto besser! — zunächst eine Tafel angeschlagen sein ähnlichen Inhalts: „Den Beamten ist höfliches und entgegenkommendes Benehmen gegen die Bürger strengstens zur Pflicht gemacht. Es wird dementsprechend von den Bürgern erwartet, daß sie ihrerseits auch den Beamten ihre Thätigkeit durch höfliches und entgegenkommendes Wesen nach Möglichkeit erleichtern." Ich sage ausdrücklich „Bürger," um gerade an dieser Stelle, die so viel betreten werden wird, den gehässigen Unterschied zwischen Arbeiter und Bourgeois verwischen zu helfen und die Gesammtheit des Votkes sich wieder als eins fühlen zu lassen. Aus dem nämlichen Grunde sollten wir, wo von Bürgern und Beamten die Rede ist, das Wort „Volk" anstatt des wässrigen „Publicum" gebrauchen, bei dem sich ebensowenig denken läßt und gedacht wird, wie bei dem abstracten und immer noch fremd klingenden „Nation." „Ein Volk von Brüdern laßt uns sein", hat Schiller uns zugerufen! Worte haben Kraft vermöge des Geistes, der in ihnen lebt, und die Unklarheiten, die nur zu oft unser heutiges Leben vergiften, haben vielfach ihre Quelle nur in abgenutzten oder unklaren Ausdrücken.

Das Gemeindearbeitsamt würde uns bald eben so geläufig sein, wie das Postamt, Polizeiamt oder das ebenfalls hier neu zu errichtende, dort weiter auszubauende Armenamt. Für letzteres findet sich, nebenbei bemerkt, zur Nachahmung ein glänzendes Muster umsichtigen, thatkräftigen und werkthätigen Christenthums in dem von Dr. Münsterberg in Hamburg mustergültig eingerichteten und durchgeführten Armenwesen.

Der Leser verzeihe dem Verfasser als einem Freunde deutschen Volkslebens diese kleine Abschweifung vom eigentlichen Thema.

Zunächst ist das Arbeitsamt die Zahlstelle für die sämmtlichen Versicherungsanstalten. Seine Beitragsmarken braucht man nun nicht mehr auf dem Postamt zu holen, sondern empfängt sie hier. Hier wird das Krankengeld ausgezahlt, hier werden die Renten von den Empfängern entgegengenommen, von hier aus werden die Aerztehonorare und die Apothekerrechnungen bezahlt.

Zur An- und Abmeldung seiner Arbeiter oder Dienstboten braucht man nicht mehr auf das Polizeiamt zu gehen, sondern dieselbe geschieht hier auf dem Arbeitsamte, von wo aus eine kurze Meldung an das erstere erfolgt. Durch diesen regen Verkehr ist gleichzeitig auf dem Arbeitsamt die beste Gelegenheit zu einem unentgeltlichen amtlichen Arbeitsnachweis geschaffen ohne weitere Kosten und nennenswerthe Mühen. Von welcher Bedeutung derselbe allgemein bereits erachtet wird, zeigt unter anderem der von der patriotischen Gesellschaft in Hamburg im vorigen Jahre ins Leben gerufene und bereits in höchst segensreicher Weise wirksame Arbeitsnachweis, desgleichen die nämliche von den Militärvereinen jüngst eingerichtete unentgeltliche Arbeitsvermittlung.

Die Errichtung städtischer Arbeitsnachweisstellen hat, wie die „Soz. Praxis" zusammenstellt, neuerdings auch in Preußen weitere Fortschritte gemacht; sie ist beschlossen oder eröffnet worden in Breslau, Frankfurt a. O., Solingen, wurde dagegen in Gölitz abgelehnt. Von süddeutschen Städten ist sie beantragt worden in Gießen, in Nürnberg geht die Constituirung vor sich, in München ist das städtische Arbeitsamt am 1. Nov. vor. J. eröffnet und waren schon in den ersten 14 Tagen 2812 Arbeitsnachfragen und 530 Angebote verzeichnet. In Frankfurt a. M. wies der Arbeitsnachweis im October 802 offene Stellen, 1240 Arbeitsuchende und 712 besetzte Stellen, in Stuttgart 533 offene Stellen, 486 Arbeitsuchende und 293 besetzte Stellen, in Ravensburg 1112 offene Stellen, 394 Arbeitsuchende und 56 besetzte Stellen auf. Baden und Württemberg haben schon zu einer Centralisation der städtischen Arbeitsvermittelung die Initiative ergriffen. (Hamb. Corresp. Dez. 1895.)

Alle diese Einrichtungen würden aber, in gleicher Weise über das Reich vertheilt und unter sich verbunden, in unendlich großartigerer Weise ausgleichend wirken können.

Gingen nämlich von den benachbarten Gemeinden regelmäßige kurze Meldungen ein — vielleicht ähnlich den ärztlichen Kartenmeldungen über ansteckende Krankheiten an unsere Physici, — über Arbeiternachfrage oder Arbeitsgelegenheit in den anderen Ortschaften, und würde in kurzen gedruckten Uebersichten, die auf dem Arbeitsamt frei zur Einsicht auslägen, vielleicht allwöchentlich, über die größeren Bedürfnisse von Arbeitskräften in dem Kreise der Provinz oder gar der benachbarten Staaten berichtet, so wäre für Arbeitgeber und Arbeitnehmer mit lächerlich geringen Kosten viel gewonnen und die Kosten der Statistik in baares Geld umgesetzt.

Ein weiterer und wie mir scheint ebenfalls nicht zu unterschätzender Nebenerfolg der genannten Neuerungen wäre die Möglichkeit, eine einheitliche Ausdehnung der bestehenden Versicherungen auf Arbeitslose zu erreichen, indessen nicht, um dies gleich vorauszuschicken, denselben nach dem bekannten schweizerischen Muster gewissermaßen eine Entschädigung für ihre Arbeitslosigkeit an sich zu geben, sondern nur um sie für den Fall, daß sie während ihrer wirklich durch die socialen Verhältnisse zwangsweise erfolgten Arbeitslosigkeit krank oder invalid werden, der Segnungen der früher von ihnen eingegangenen Versicherungen voll und ganz theilhaftig werden zu lassen. Die Controlle, ob einer aus Trägheit oder aus thatsächlichem Mangel an Arbeitsgelegenheit arbeitslos ist, wäre meines Erachtens gar nicht so unschwer zu führen. Es dürfte sich vielleicht empfehlen, daß der Arbeitsuchende veranlaßt wird, sich täglich auf dem Arbeitsamte zu melden und täglich wenigstens über eine ihm nachgewiesene Stelle, ob angenommen oder nicht angenommen, Nachweis zu führen, was bei Arbeitslosigkeit wahrlich nicht zu viel von ihm verlangt ist. Bei seinem ersten Besuche erhält er eine Wochenkarte mit 7 Tagesreihen folgendenden Inhalts:

Name: Schulze. Stand: Schneider. Bisheriger Wohnort:

	Bemerkungen des Unternehmers.
Aus der Arbeit getreten am 17. XI. 95	
Arbeit nachgesucht am 18. XI. 95 ohne Erfolg (L. S.*)	
" " 19. XI. 95 ohne Erfolg (L. S.)	
" " 20. XI. 95 nach Erdarbeitunternehmer Schlüter (L. S)	Inzwischen besetzt. Schlüter.
" " 21. XI 95 zum Steinausladen Meyer (L. S.)	Körperl. zu schwach. Meyer.
" " 22. XI. 95 ohne Erfolg (L. S.)	
" " 13. XI. 95 Schneider Wulff (L. S.)	Vor Beginn der Arbeit erkrankt. Wulff.

Schulze kommt auf Kosten der Reichskrankenkasse in das Krankenhaus.

Es steht zu hoffen, daß diese Art der Controlle auf den arbeitslosen Arbeiter, der jetzt eben durch die Arbeitslosigkeit nur zu oft an Unordnung und Vagabundage gewöhnt wird, auch einen erziehlichen Einfluß ausüben wird.

Bisher bestimmt bekanntlich das Gesetz: „Mitgliedern, welche in Folge eintretender Arbeitslosigkeit aus der Kasse ausscheiden und sich im Gebiete des deutschen Reiches aufhalten, verbleibt für ihre Person der Anspruch auf Krankenunterstützung und Sterbegeld in solchen Unterstützungsfällen, welche während der Erwerbs-

*) Bescheinigung des Arbeitsamtes, daß keine Arbeitsgelegenheit vorhanden war.

losigkeit und innerhalb eines Zeitraumes von drei Wochen nach Ausscheiden aus der Kasse eintreten, wenn diese Personen vor ihrem Ausscheiden mindestens drei Wochen ununterbrochen einer auf Grund des Krankenversicherungsgesetzes errichteten Krankenkasse angehört haben." Wie leicht indessen kann es kommen, daß jemand, besonders im Winter, unter den denkbarst unhygienischen Verhältnissen, über drei Wochen arbeitslos ist und dann erkrankt. War bislang die Schreiberei nach der betreffenden Krankenkasse, falls die Erkrankung in den ersten drei Wochen eintrat, oft schon eine recht weitläufige, da bei plötzlichen Erkrankungsfällen erst die Ortsarmenbehörde in Anspruch genommen werden muß, in deren Gebiet der Unfall geschehen ist, und diese erst wieder den Betrag von der betreffenden Krankenkasse einzuziehen hat, von welcher der Erkrankte eingewandert ist, so ist die Schreiberei, falls die Erkrankung nach drei Wochen aus der Arbeits- und Krankenkassenentlassung eintrat, von Armenverband zu Armenverband oft noch weitläufiger, besonders auch noch wegen der Verschiedenheit der Armen- und Heimathsrechte in den verschiedenen Staaten. Alle diese Schwierigkeiten fielen mit einem Schlage fort, wenn der Betreffende in der allgemeinen Reichsversicherung (s. u.) wäre und, bei dem gleichzeitigen Zwange sich thatsächlich regelmäßig nach Arbeit zu erkundigen, durch den Ausweis unverschuldeter Arbeitslosigkeit seiner sämmtlichen Versicherungen für die Dauer dieser Arbeitslosigkeit theilhaftig bliebe. Verschuldete Arbeitslosigkeit wäre unter diesen Umständen eine geeignete Handhabe zur Verbringung in eine landwirtschaftliche Strafcolonie, in welcher, um die bereits populär gewordenen drei Wochen festzuhalten, nach dreiwöchentlichem Aufenthalte Freiheit der Bewegung und Berechtigung auf die früher erworbenen Versicherungsansprüche wiedererlangt würden.

Dazu käme als dritter ebenfalls höchst erfreulicher Nebenerfolg die Einrichtung dieser Arbeitsämter, daß dieselben eine längst vermißte Stätte bieten könnten, wo der Arbeiter Auskunft, nicht nur über Arbeitsgelegenheit, sonder jeglicher Art in Betreff der Arbeiterschutzgesetze, über Schieds- und Gewerbegerichte, Gesindeordnung, Hypotheken- und Amortisationsdarlehen für Arbeiterwohnungen, Kaufgelegenheit für die von Staatswegen zu verkaufenden Baugrundstücke für seine Häuschen, preiswerthe Bezugsquellen für Handwerkszeuge und Nahrungsmittel, für Wohnungsfrage, Verpflegungsstationen, Trinkerasyle, Mädchenherbergen, Christliche Vereine, Unterstützungsinstitute u. a. m. erlangen könnte. Vielleicht wären die wichtigsten Gerätschaften zur Krankenpflege hier zu leihen, wie bereits in der Schweiz und (auf Anregung der im Wohlthun unermüdlichen Großherzogin) in Baden. Ein ähnliches Institut ist meines Wissens als erstes überhaupt vor wenigen Jahren als „Arbeitersecretariat" in Nürnberg gegründet worden und zwar ohne staatliche Beihülfe allein aus der Initiative der Arbeiter, neuerdings auch bereits in anderen Städten. Indessen scheint es mir werthvoll, daß auch diese Auskunftsstelle mit den Arbeitsämtern vereinigt würde, schon aus dem einen Grunde, um dem Arbeiter, dem Wochentags seine Zeit werthvoller ist als irgend einem anderen Staatsbürger, weil er in ihr das zum Leben nothwendigste verdienen soll, unnöthiges Hinundherlaufen und damit Zeit zu sparen.

Wünschenswerth wäre auch für die Praxis, daß das Arbeitsamt, auf welchem sich ja entschieden eine gewisse Personenkenntniß über die seßhaftere Bevölkerung ausbilden würde, in gewisser Weise Fühlung mit dem Armenamt erhielte, dergestalt, daß letzteres sowohl auf Nachfrage seinerseits als auch durch die directe Initiative des Arbeitsamtes Nachricht erhielte, wo vielleicht besondere Hülfe durch Eingreifen der staatlichen Unterstützung des Armenamtes oder durch Ueberweisung an private Wohlthätigkeit wünschenswerth erschiene, die ihrerseits wiederum auf dem Armenamt ihre Auskünfte einziehen könnte.

Es handelt sich nun noch um die Frage: wer soll die Arbeitsämter führen? In der Stadt werden hier besondere Beamte nöthig sein, wie jetzt schon für die größeren Krankenkassen, außerdem ein Amt für jeden Stadtbezirk, welche unter sich wiederum in gegenseitigem Austausch stehen müßten, wie auf dem Lande die räumlich weiter getrennten Aemter der einzelnen Gemeinden. Auf dem Lande wird den jeweiligen Personal- und Ortsverhältnissen Rechnung zu tragen sein und je nach diesen der Ortsvorsteher, der Schullehrer, der Postmeister, der Steuereinnehmer, der Standesbeamte oder ein intelligenter Hofbesitzer oder Handwerksmeister damit zu betrauen sein, ja, in kleineren Gemeinden würde unter Umständen dem Dorfgeistlichen ein neues Feld einer dankbaren socialen Thätigkeit dadurch geschaffen werden, das gleichzeitig eine Handhabe zu dankbarer seelsorgerischer Thätigkeit werden könnte; zu vermeiden wären unter allen Umständen die Wirthschaften. Es ist selbstredend, daß die Unkosten dieser Arbeitsämter der Reichsversicherungskasse zur Last fallen würden, die aber andrerseits entlastet werden würde durch die Ersparnisse in Folge Wegfalls anderer Aemter durch die vorgeschlagenen Zusammenziehungen.

Empfehlenswerth ist schließlich die Verbindung dieser staatlichen Arbeitsämter mit einem von den Arbeitern oder von Privaten einzurichtenden Lese- und Billardzimmer nebst Ausschank alkoholfreier Getränke.

IV. Kapitel.

Ausschließliche Verwendung der Riesenkapitalien der vereinigten Arbeiterversicherungen, auf Grund von Reformen in der Bodenbesitzfrage, zur Förderung gesunder, menschen- und deutschenwürdiger Wohn- und Heimstätten für das minderbegüterte arbeitende Volk in Form von amortisirbaren billigen Hypotheken.

Die in der Ueberschrift dieses Kapitels skizzirte Verwendung der durch den Fleiß unseres arbeitenden Volkes zusammengehäuften Millionen wird bereits vom socialpolitischen Standpunkte aus immer mehr als von allerhöchster Wichtigkeit angesehen, von unseren staatlichen Rentenanstalten zum Theil bereits praktisch ausgeführt, vom arbeitenden Volke aber leider, wiederum wohl aus zu geringer Kenntniß der gesetzlichen Bestimmungen, noch viel zu wenig in Anspruch genommen. Gegen den Unternehmer, der ja seinen Gewinn vorweg hat, geschieht mit dieser Art der Verwendung der Versicherungsgelder keine Ungerechtigkeit, für das arbeitende Volk und damit für unser Gesammtvolk bedeutet die so erleichterte Schaffung von deutschen- und menschenwürdigen Heimstätten vielleicht die Erhaltung unserer Existenz.

Freilich soll es sich nicht um die Schaffung einförmiger „Arbeiterviertel" handeln, wie sie in vielen Gegenden Deutschlands bereits seit Jahrzehnten entstanden und vielfach die Brutstätten eines neid- und haßerfüllten Demagogenthums geworden sind. Der Deutsche will, wenn er sich wirklich „zu Hause" fühlen soll, nach seinem individuellen Geschmack wohnen, deshalb überlasse man nach Möglichkeit dem einzelnen Arbeiter, wie er bauen will, natürlich innerhalb der durch die Allgemeinheit gebotenen Grenzen. Die

Kunst verbinde sich mit dem Handwerk und rechne es sich zur Ehre an, mit bescheidenen Mitteln auch den minderbegüterten Volksgenossen ein wohnliches Heim zu schaffen.*) Sache des Staates ist es, durch Preisausschreiben für Zeichnungen und Grundrisse für Arbeiterwohnungen hier anregend zu wirken und die so gewonnenen Resultate den Arbeitern zur freien Wahl leihweise und kostenlos zur Verfügung zu stellen, vor allen Dingen aber durch gesetzlich und allgemein eingeführtes staatliches Vorkaufsrecht**) für Grund und Boden oder durch zeitigen Ankauf in Stadt und Vororten, wie auf dem Lande sich überall Grundstätten zu sichern, um eine für das sittliche und sociale Gedeihen des Gesammtvolkes gefährliche, nach Klassen sich abschließende Bebauung nach Möglichkeit zu verhindern.

---

*) In ähnlicher Weise ist in Stuttgart bereits, wie Verf. erst während des Abschlusses dieser Arbeit erfuhr, der Bau von Arbeiterwohnungen mit Erfolg in Angriff genommen worden. (Siehe „Eigenes Heim und billige Wohnungen". Ein Beitrag zur Lösung der Wohnungsfrage mit besonderem Hinweis auf die Herstellung der Kolonie Ostheim. — Von Eduard Pfeiffer. II. Aufl. Stuttgart 1896. Verlag von Wittwer.)

**) In welcher Weise dieses staatliche Vorkaufsrecht einzurichten sei, darüber mögen volkswirthschaftliche Autoritäten wie Prof. Schmoller, Henry George, Ruhland u. A. ihre Gutachten abgeben. Bei der von Jahr zu Jahr zunehmenden Bodenknappheit im deutschen Vaterlande drängt aber unsere ganze Entwicklung mit unabweisbarer Nothwendigkeit darauf hin, den vaterländischen Boden der Gewinnsucht des Speculantenthums zu entziehen, um thunlichst jedem Volksgenossen die Möglichkeit freizuhalten, ein Fleckchen Erde zu erwerben, auf dem er leben, eine Heimath, in der er wurzeln kann!

V. Kapitel.

Ausdehnung der bestehenden Versicherungen auf alle Reichsangehörigen über 15 Jahre, mit voller Anspruchsberechtigung auf alle Wohlthaten des Gesetzes, bei einem steuerpflichtigen Einkommen unter 3000 Mark.

Wenn ich bislang mit einem Vorschlag zwecks weiteren Ausbaues der Arbeiterversicherung zurückgehalten habe, so ist es geschehen, um im Rahmen des Bestehenden erst einmal zusammenzufassen, neuzuordnen und zu gliedern, um nicht durch allzu kühnes Vorwärtsdrängen zu verwirren und das Nothwendige zn gefährden. Indessen lassen sich bei folgerichtiger Weiterentwicklung der zur Zeit bestehenden Versicherungen folgende Erwägungen, die auch von anderen (so von Landgerichtsrath Kulemann in seiner hervorragenden und in vielen Einzelfragen den Nagel auf den Kopf treffenden Schrift „Zur Reform unserer Socialversicherung", von J. S. Weiß in Nr. 1 der Grenzboten, Jahrgang 1896 u. m. a.), wenn auch in anderer und nach meiner Ansicht oft über das Ziel hinausgehenden Weise angeregt worden sind, nicht unterdrücken.

Wer ist denn „Arbeiter?" Sind wir es denn nicht alle, Handarbeiter sowohl wie Kopfarbeiter? Wo ist die Grenze? Und wer von uns kann unter den heutigen Zeitverhältnissen sagen, wie lange er noch im Besitze seiner jetzigen Einkommensverhältnisse verbleibt? Kaufleute aus ersten Firmen machen Bankerott, Künstler und Gelehrte können durch Krankheit und andere Unglücksfälle ihrer Einnahmequellen verlustig gehen, Rentner sind schon an den Bettelstab gekommen durch Betrug oder Bankenkrache, Hypothekenentwerthung, Actienstürze u. dergl. Und dann? Wer dann von diesen einstmals Besitzenden in den sogenannten vierten Stand heruntergestürzt ist, zu welchen, wie es scheint, immer mehr die Besitzer von weniger als 2000 Mark zusammengepreßt werden sollen, steht der nicht schlechter für den Fall der Noth, als jeder Arbeiter, der von vornherein zu dieser Klasse gehörte und von jung auf für alle Wechselfälle des Lebens versichert war?

Mein Vorschlag, dessen vornehmstes Ziel gleichzeitig ist, alle Volksgenossen sich wieder als Brüder eines Volkes fühlen zu lehren, geht kurz darauf hinaus, daß jeder deutsche Reichsangehörige von seinem 15. Jahre, d. h. von dem Jahre seiner Erwerbsfähigkeit ab (schlimm genug, daß zahllose Kinder unter 15 Jahren schon um das tägliche Brod ringen müssen und nicht mehr ausschließlich für ihre körperliche und geistige Ausbildung leben und arbeiten können!) seinen Beitrag zur allgemeinen Reichsversicherung zu zahlen hat, und zwar diejenigen, die selbst oder deren Eltern, Vormünder oder deren Stellvertreter über 3000 Mark Einkommen haben, nach Neigung und Mitteln in einer der drei Klassen. Die Berechtigung indessen, die Unterstützung einer der Versicherungszweige der Reichsversicherung in Anspruch nehmen zu können, tritt erst ein bei einem durch die Steuerbehörde zu bescheinigenden Einkommen unter 3000 Mark. Hierdurch würde einerseits, abgesehen von den Vortheilen der Versicherungen, schon durch die Möglichkeit der Beschaffung billiger Hypotheken außer den sogenannten „Arbeitern" auch dem kleineren Mittelstand, Handwerkern und kleinen Bauern, die oft allerdings sehr nöthige Hülfe, über die jetzt soviel geredet wird, in höchst wünschenswerther Weise zu Theil werden; andrerseits würde von denjenigen, die in der Lage dazu sind, mit den Einzelnen verhältnißmäßig gering belastenden Kosten, ein gewaltiger Beitrag zu der Gesammtversicherung beigesteuert werden, — eine „Steuer" als „Beisteuer" in des Wortes bester Bedeutung. Man wende nicht ein, daß ein kleiner Beamter oder Gewerbetreibender mit 4—5000 Mark Einkommen und mehreren Kindern hierdurch übermäßig belastet würde. Nehmen wir den Gesammtwochenbeitrag in der dritten, der billigsten Klasse auf 50 Pfennig an, so würde der Familienbeitrag für Mann nnd Frau und vier Kinder, vorausgesetzt, daß alle vier zu Hause bleiben, 3 Mark, im Jahre also 150 Mark ausmachen. Da aber, bei einem Einkommen von 4—5000 Mark, ein Familienvater von vier Kindern schwerlich diese sämmtlich, wenn sie über 15 Jahre sind, unthätig auf der Tasche liegen haben wird, so würden für diejenigen, die als Lehrlinge oder sonst in Stellungen außer Hause sind, ja schon die Beiträge fortfallen, und, falls z. B. nur noch zwei zu Hause geblieben sind, die Gesammtsumme nur noch 100 Mark betragen. Außerdem könnten, wie bei der Steuer, für besondere Fälle ja Ermäßigungen geschaffen werden. Nehmen wir nun an, der Ernährer stirbt, so reducirt sich die Einnahme sofort in den meisten Fällen doch sicher weit unter 3000 Mark, womit dann sogleich für den Nothfall, bei Erkrankung, Invalidität, Alter der Mutter u. s. w. die Versicherung in Kraft tritt. Diejenigen aber, die ein reicheres Einkommen haben, mögen getrost in den Tagen des Glückes für ihre unglücklicheren Volksgenossen beisteuern, — immer, um gleichzeitig, falls auch sie einmal das Glück im Stich läßt, ebenfalls versichert zu sein. Vielleicht — allerdings nur sehr vielleicht, da von circa 60 Millionen Einwohnern im Deutschen Reich noch nicht 300000 Staatsbürger ein Einkommen von 3000 Mark und darüber haben! — daß durch diese gerechteste aller Steuern die 349 Millionen Mark zusammengebracht würden, um die mit Recht erstrebte, bis jetzt aber, wie der Regierungsvertreter noch jüngst im Reichstage gezeigt hat, unausführbare Wittwen- und Waisenfürsorge in's Werk setzen zu können. Dies zu berechnen überlasse ich den Rechenmeistern des Reichsversicherungsamtes, mir lag die Anregung am Herzen. Vielleicht daß sich, analog der progressiven Einkommensteuer, procentuarisch nach dieser berechnete Zuschläge zu den ursprünglichen Beiträgen bilden ließen, sodaß, bis zu 20000 Mark Einkommen die Wahl der Versicherungsklasse freigelassen, die Einkommen über 20000 Mark den doppelten, über 40000 Mark den dreifachen, über 60000 Mark den vierfach u. s. w. gesteigerten Beitrag der höchsten Klasse zu zahlen hätten. Man wende auch nicht ein, daß durch die „Einkleberei" der Besitzenden „eine neue, unerhörte Belästigung des Publikums" geschaffen würde. So gut wie wir eine Marke auf einen Brief kleben, so gut können wir auch am Sonntag Morgen eine Marke in's Versicherungsbuch kleben, — und damit der kleine Act für diejenigen, die nicht zur Kirche gehen, etwas Weihe erhält und so zu einer Art stillen Privatgottesdienstes wird, so dürfte es sich empfehlen, auf den Buchdeckel die Worte setzen zu lassen:

Gedenke deiner nothleidenden Brüder,
Und daß alles irdische Glück vergänglich ist!

Für denjenigen aber, der hülflos bereits vor allem des Trostes bedarf, setze man getrost auch noch die Worte hinzu:

„Befiehl dem Herrn deine Wege und hoffe auf ihn,
Er wird es wohl machen!“

Anmerkung zum Kapitel: „Reichskrankenkasse“. Nicht geringe Schwierigkeiten würden bei der auf die vorgeschlagene Weise vorzunehmenden Bildung der Reichskrankenkasse die gerechte Vertheilung der Reservefonds der jetzt bestehenden Kassen bilden. Das wichtigste scheint mir, daß sämmtliche heutigen Kassen einen nach den Kurkosten und dem Minimalkrankengeld procentualisch zu bestimmenden Theil ihrer Reservefonds an das Reichsversicherungsamt abführten. Dann würde der Rest des Reservefonds bei den freien Hilfs-, Bahn-, Bau- &c. Kassen den Stamm für die von der freien Kur entlasteten freien Kassen bilden. Die Mitglieder der Ortskrankenkassen aber könnten sich mit dem jedem Einzelnen zufallenden Rest sofort in irgend eine der andern freien Hülfskassen aufnehmen lassen und könnten diese letzteren für den Uebergangstermin gehalten sein, die bisherigen Ortskrankenkassenmitglieder mit ihrem Reservefondsrest als Eintrittsgeld ohne weiteres aufzunehmen — ein freilich nicht wegzuleugnender Uebelstand, der aber nicht allzuschwer in's Gewicht fallen dürfte, da einerseits die Hülfskassen bei der Umwälzung ja den großen Vortheil gewinnen, von der so kostspieligen u. freien Kur loszukommen, andererseits aber die Zahl dieser für die Hülfskassen oft sicher unerwünschten Mitglieder eine nur für die Uebergangszeit begrenzte ist.

Anmerkung zum Kapitel: „Der Physikus und sein Amt“. Es gereicht mir zur Genugthuung, daß in der Reichstagssitzung vom 11. März dieses Jahres, deren Bericht mir während der Drucklegung dieser Arbeit zuging, der alte Wunsch der Aerzte in dem Antrag Dr. Kruse (nl.) und Dr. Martens (nl.) einmal wieder zur Sprache kam. Die Verhandlung wird nach Erledigung des Etats stattfinden. Der Antrag selbst ersucht die Regierung, in kürzester Frist den seit langer Zeit in Aussicht gestellten Gesetzentwurf über die Medizinalreform vorzulegen, welcher insbesondere das Verhältniß der Kreisphysiker dahin regle, daß dieselben unter Beschränkung ihrer Privatpraxis und entsprechender Erhöhung ihres als pensionsfähig festzusetzenden Gehalts, in höherem Maße als bisher den Aufgaben der gerichtlichen Medizin und der öffentlichen Gesundheitspflege sich widmen können. Hoffentlich wird sich die Erkenntniß von der Zweckmäßigkeit des Antrages bahnbrechen. Die Art und Weise der von mir vorgeschlagenen Vereinfachung der Arbeiterversicherungen mit ihren zahlreichen Gutachten in zweiter Instanz, schiedsrichterlichen Urtheilen u. s. w. wird, wie schon angedeutet, dem Physicus eine solche Fülle von Arbeit bringen und andrerseits eine solche Unabhängigkeit ihrer Lebensstellung beanspruchen, daß die Forderung des Antrages Kruse-Martens doppelt berechtigt, zugleich aber auch erfüllbar erscheint.

Anmerkung zum Kapitel: „Berufsgenossenschaften, Invalidität und Betriebsunfall.“ Natürlich sollen die Beiträge in der höheren Lohn- und Gefahrenklasse nicht nur die größere Zahl der Invaliditätsfälle decken helfen, sondern auch das Anrecht auf eine höhere Rente verleihen. Denn wir dürfen nie vergessen, daß jede Arbeit, so unscheinbar sie sein möge, nicht nur ihren Werth in sich hat, sondern geradezu in ihrem Theile eine Arbeit für das Wohl des Ganzen ist. Es erscheint daher nicht mehr als recht und billig, daß derjenige, welcher sein Leben der Arbeit in einem Berufe widmet, welcher sein Leben und seine Gesundheit einer erhöhten Gefahr aussetzt einen entsprechend höheren Lohn und der diesem entsprechenden gewohnten höheren Lebenshaltung für den Fall der Invalidität wiederum eine entsprechend höhere Entschädigung erhält, sei es auch auf Kosten des Ganzen, für das er doch schließlich gearbeitet hat. Der Bergarbeiter, der in den Tiefen der Erde Leben und Gesundheit daran setzt, Eisen und Kohle für uns, seine Volksgenossen, zu heben, ist berechtigt zu fordern, daß wir in unserer Gesammtheit das Risico der Gefahr, die er dabei läuft, mittragen helfen.

Außerdem aber werden wir folgerichtig zu einer einheitlicheren Auffassung der Invalidität kommen müssen, selbst unter Drangabe des bisher so scharf formulirten Begriffs des „Betriebsunfalls“, — und auch hierin liegt eine wesentliche Vereinfachung der Arbeiterschutzgesetzgebung. Was ist denn ein Betriebsunfall? Wir sind heute in der Definition schon soweit gekommen, daß ohne Umschweife ein Betriebsunfall anerkannt wird, wenn ein Arbeiter sich die Haut am Finger bei der Arbeit geritzt hat, mit einem Glassplitter, Wollfaden oder dergleichen, und nun in Folge einer von dieser minimalen Wunde aufgenommenen und an einer weit davon entfernt liegenden Körperstelle, z. B. in der Seite zum Ausbruch kommenden Wundinfection invalide wird. Warum aber, müssen wir fragen, ist die Verletzung des Lungengewebes durch die scharfen Splitter des Kohlen- oder Steinstaubes, welche in den Lungen der Bergarbeiter die Wundpforten setzt, durch welche der Tuberkelbazillus einzieht, um dort sein verheerendes Spiel zu treiben, kein Betriebsunfall? Weil die Stunde des Eintritts dieser Verletzung nicht angegeben werden kann? Weil sie zu langsam eintritt, und ihre Folgen noch langsamer sich bemerkbar machen? Weil sie nach Centimetern gemessen zu geringfügig ist oder nicht gemessen werden kann? Aber der Streptococcus der Blutvergiftung, der die schlimmsten Verstümmelungen nach sich ziehen kann, kriecht zur Noth auch in den feinsten Nadelstich hinein und veranlaßt dann einen „Betriebsunfall“. Warum? Er ist der Verletzung durch ein sichbares Werkzeug gefolgt! Welch grobsinnliche Erklärung! Als ob nicht jede Aenderung in dem Molekularzustande unseres Organismus eine Verletzung desselben ist, hervorgerufen durch unser Leben, durch unseren Kampf um's Dasein, durch unsere Arbeit. Es ist gleichgültig, ob diese Aenderung in dem Bestande und der Zusammensetzung unserer Körpergewebe herrührt von maschinellen oder sonstigen Verletzungen oder den Schädlichkeiten, wie wir sie bei den Steinhauern oder Bergleuten gesehen haben, oder ob sie sich in den sogenannten Gewerbekrankheiten der Blei-,

Phosphor=, Arsen= oder Celluloidarbeiten äußern, oder ob sie nur die Abnutzung des Nervensystems und der Musculatur darthun, wie sie der Schreiber, der Beamte, jeder körperlich Arbeitende aufweist. Ausnehmen möchte ich hiervon und für zwei Kategorien von Invalidität oder Erwerbsunfähigkeit festgesetzt wissen: für Diejenigen, welche in Folge von übermäßigem Alkoholgenuß, chronischem und acutem, und in Folge von venerischen Krankheiten auftreten. Unterstützt werden müssen ja freilich auch solche, denn „Die Liebe höret nimmer auf“, aber Strafabzüge müssen diese Unholde sich freilich schon gefallen lassen. So Gott will rafft sich aber unsere Regierung und unser Volk gegen diese beiden Quellen für Volkselend, den Trunk und die Unsittlichkeit, endlich einmal auf: gegen den Trunk durch eine gestrenge und vernünftige Gesetzgebung, sowie vor allem durch systematische Belehrung über die entsetzlichen Folgen dieses Lasters und endlich dadurch, daß man aufhört, die Production des Alkohols, dieses völkermordenden Giftes, staatlicherseits aus volkswirthschaftlichen Gründen zu begünstigen, — gegen die Unsittlichkeit aber, gegen die kein Gesetzt nützt, durch eine liebevolle und doch strenge, vernunftgemäße, auf die Entwicklung des Characters gerichtete Erziehung unserer Jugend in nicht überfüllten Schulklassen, durch Abhärtung unseres Körpers in Spiel und Arbeit, durch Sorge für menschen= und deutschenwürdige Wohnstätten für unser Volk, von dem jetzt noch ein so großer Theil in den Höfen und Gängen unserer Großstädte, diesen Brutstätten des Lasters, eingepfercht haust.

Die soeben erwähnten Strafabzüge, die auch bei entlarvter Simulation, Arbeitsscheu, bei Invalidität in Folge von Raufereien und Selbstverstümmelung einzutreten hätten, würden den Rentenbezug auf ein Existenzminimum zu beschränken haben; bei Familienvätern wäre, vielleicht auf schiedsrichterlichem Beschluß, zur besseren Erhaltung der Familie ein durch die Ortsbehörde zu vermittelnder Zuschuß in Naturalien zu liefern, da derartige Personen durch ihr Verhalten die für sie bestehende Nothwendigkeit einer Bevormundung bewiesen haben.

Wenn jetzt von allen Seiten, und mit Recht, darauf hingedrängt wird, jedes kleinliche kaufmännische Princip, welches die Unterstützungen zum größten Theil von den Leistungen der Versicherten abhängig machen will, aus der Arbeiterversicherung auszumerzen, wie auch wir nur die Gliederung der Leistungen der Versicherung nach den drei Lohn= und Gefahrenklassen befürworten können, ohne Rücksicht auf die Zahl der Arbeitswochen, die Zahl der Beitragsmarken u. s. w., so dürfen wir doch niemals undankbar vergessen, daß das ganze Werk so überaus schwierig ist, daß diese Jahre der allmählichen Entwicklung und reicher Erfahrungen erst vorausgehen mußten, um in der von anderen oder der von mir vorgeschlagenen Bahn weiter vorgehen zu können. Entwicklung ist alles!

Schlussbetrachtung.

Es liegt dieser modernsten Kulturerrungenschaft der Arbeiterversicherungen ganz offenbar ein gewaltiger sittlicher und christlicher Werth zu Grunde. Ja es will mir scheinen, als wenn gerade in diesen Arbeitsämtern mit ihren so außerordentlich vielen Wirksamkeiten und Fühlfäden, besonders auch durch die mit ihnen gegebene strengere Gliederung in kleinere Gemeinden eine Anregung und Neubelebung altevangelischen Urchristenthums, wirklich christlicher und brüderlicher thatkräftiger gegenseitiger Hülfe gegeben wäre. Wir alle sollen und dürfen eben nicht nachlassen an diesem großen, echt christlichen und der Kultur unseres Jahrhunderts würdigen Werke, der Arbeiterschutzgesetzgebung, mitzuwirken, Besitzende und Nichtbesitzende, Arbeitgeber und Arbeitnehmer, Aerzte, Lehrer, Geistliche und Beamte. Und je treuer jeder Einzelne von uns in seinem kleinen Kreise durch Aufklärung, brüderliche Liebe, Nachsicht, strenge Ermahnung und gewissenhafte Erfüllung der eigenen socialen Pflichten mitarbeitet, desto mehr werden die Vorwürfe kleinlicher und selbstsüchtiger Gegner der Arbeiterschutzgesetzgebung aus dem Kreise der Besitzenden und die Minirarbeit gehässiger und gewissenloser Agitatoren lahmgelegt werden. Mit Recht sagt in seinem klassischen Buche: „Die Arbeiterversicherung in den europäischen Staaten“ der hochverdiente Präsident des Reichsversicherungsamtes, Dr. Bödiker: „Es wird gesagt, die deutsche Arbeiterversicherung sei eine große Last, ein Stück Staatssocialismus, freiheitswidrig. Ganz richtig. Aber damit ist nichts bewiesen. Will ich 10—20 Millionen Arbeitern in fühlbarer Weise zu Hülfe kommen, so bedarf es dazu großer Mittel. Aus nichts kommt nichts; mit wenigem ist vielen nicht zu helfen. Es fragt sich, ob es der Mühe werth ist, die Last zu übernehmen, ob das Ziel die Reise lohnt.

Wir sind der Meinung, daß auf die Sorge um die Existenz und Sicherheit des Vaterlandes in erster Linie die Fürsorge für die unteren Klassen, die übrigens der Sicherheit des Vaterlandes unmittelbar zu gute kommt, zu folgen hat, und zwar hat diese Fürsorge so weit zu gehen, wie die besitzenden Klassen sie zu lösen vermögen. Den Ast abzusägen, auf dem man sitzt, oder die Henne totzuschlagen, die die Eier legt, ist freilich nicht zu rathen. Aber bis dahin ist von einer verständigen Beihülfe ein recht weiter Schritt. Je kräftiger und leistungsfähiger die unteren Klassen sind, um so höher die Gesammtleistung, das Gesammtniveau eines Volkes. Die breite Basis des Wohlstandes oder wenigstens der auskömmlichen Lage trägt einen ganz anderen Aufbau als eine ausgedehnte Schicht von Elend und Armuth. Darum liegt es im Interesse aller, am meisten der Besitzenden, die gesammte Nation kräftig, tüchtig und leistungsfähig zu gestalten. Eins von den Mitteln dazu ist die Fürsorge für die durch Krankheit, Unfall, Invalidität und Alter Geschädigten, eine Fürsorge, die auch den Angehörigen derselben von Nutzen ist. Kann dies nicht ohne Eingriff des Staats erreicht werden, so muß eben ein solcher geschehen. Will man das Staatssocialismus nennen, so darf man sich vor diesem so wenig wie vor anderen Gespenstern fürchten; und leidet die Freiheit Abbruch, so ist es doch nur jene Freiheit, die durch Sitte und Recht ihre Schranken gefunden hat. Die Familie, die Gemeinde, der Staat haben die „Freiheit" mehr und mehr aus dem Zustande der Wildheit zu höherer Entwicklung gebracht."

Wenn wir alle in diesem Sinne den todten Buchstaben der Arbeiterversicherungsgesetze auszulegen und in Leben umzusetzen bemüht sind, dann kommen wir am besten jenen herrlichen Erlassen unseres verstorbenen Kaiser Wilhelm I. nach und den goldenen Mahnworten seines erlauchten Enkels, unseres jugendfrischen und warmherzigen Kaisers Wilhelm II., mit denen er sein Volk zu gemeinsamer Arbeit aufruft. Andrerseits aber mögen diejenigen, die nur oder ganz besonders das Wohl des Arbeiters im Auge haben, bedenken, daß nur Gerechtigkeit Gerechtigkeit wecken kann, daß ein Kaiser kein „Arbeiter-Kaiser" sein kann, sondern, wenn er, wie es im Liede heißt, ein „Liebling des Volkes" sein will, nur ein Kaiser sein kann des ganzen Deutschen Volkes!